BEI GRIN MACHT SICH IHR WISSEN BEZAHLT

AF167391

- Wir veröffentlichen Ihre Hausarbeit, Bachelor- und Masterarbeit

- Ihr eigenes eBook und Buch - weltweit in allen wichtigen Shops

- Verdienen Sie an jedem Verkauf

Jetzt bei www.GRIN.com hochladen
und kostenlos publizieren

Systemisches Arbeiten in einem Mutter-Kind-Haus

Steffi Gesser

Bibliografische Information der Deutschen Nationalbibliothek:

Die Deutsche Nationalbibliothek verzeichnet diese Publikation in der Deutschen Nationalbibliografie; detaillierte bibliografische Daten sind im Internet über http://dnb.d-nb.de abrufbar.

ISBN: 9783346546449
Dieses Buch ist auch als E-Book erhältlich.

© GRIN Publishing GmbH
Nymphenburger Straße 86
80636 München

Druck und Bindung: Books on Demand GmbH, Norderstedt Germany
Gedruckt auf säurefreiem Papier aus verantwortungsvollen Quellen

Das vorliegende Werk wurde sorgfältig erarbeitet. Dennoch übernehmen Autoren und Verlag für die Richtigkeit von Angaben, Hinweisen, Links und Ratschlägen sowie eventuelle Druckfehler keine Haftung.

Das Buch bei GRIN: https://www.grin.com/document/1138904

Gesser, Steffi

Wie lässt sich der systemische Arbeitsansatz in ein Mutter-Vater-Kind- Haus integrieren?

Hochschule Darmstadt University of Applied Sciences
Fachbereich: Soziale Arbeit

Prüfungsleistung im Studiengang Soziale Arbeit (Bachelor; PO 20091)

Frühe Hilfen und Kinderschutz

Sommersemester 2020

Abgabedatum: 17.07.2020

Inhalt

1. Einleitung 2
2. Vorstellung der Einrichtung 3
   2.1. Der Träger der Jugendhilfe 3
   2.2. Mutter-Vater-Kind-Haus (MuK) 4
3. Systemisches Denken und Handeln – Ein Abriss 6
   3.1. Grundlagen des systemischen Arbeitens 7
   3.2. Systemisches Arbeiten 7
4. Systemisches Arbeiten mit den Klient*innen 9
   4.1. Die Genogrammexploration 9
   4.2. Reflecting Team 11
   4.3. Entwicklungs- und Beratungsgespräche 11
   4.4. Tagesreflexion und Gruppenabende 13
5. Systemisches Arbeiten im Team 14
   5.1. Fallgespräch – Fallberatung 15
   5.2. Team Intervision 15
6. Fallvorstellungen aus dem Mutter-Kind-Haus im Kontext systemischen Arbeitens
   17
   6.1. Fall I: Anja und Luigi 17
   6.2. Fall II: Sophie und Jana 18
   6.3. Fall III: Celia und Lisa 20
7. Fazit 21
8. Reflexion 22
9. Abbildungsverzeichnis 24
10. Literatur- und Quellenangaben 26

1. Einleitung

„Wir alle sind, von der Wiege bis zum Grab, am glücklichsten, wenn unser Leben wie eine Serie von langen oder kurzen Ausflügen um die sichere Basis, die unsere Bezugspersonen bieten, organisiert ist."

(John Bowlby)

Befasst man sich mit der Methode des systemischen Arbeitens muss in diesem Zusammenhang auch immer die Geschichte der systemischen Therapie und Beratung betrachtet werden. Hierauf werde ich in einem späteren Kapitel kurz näher eingehen. Grundsätzlich ist jedoch vorab zu erwähnen, dass der Ansatz des systemischen Arbeitens besonders auf Kommunikation fokussiert ist.

Meine Praktikumsstelle, für das Projekt Frühe Hilfen und Kinderschutz, im Mutter-Vater-Kind-Haus wählte ich, weil ich durch meine Vollzeitbeschäftigung als Nachtbereitschaft im Jugendhilfeträger bereits aushilfsweise in dieser Gruppe eingesetzt war. Jetzt wollte ich tiefere Einblicke in die Tätigkeit der Pädagog*innen in diesem Bereich erhalten. Die betreuende und unterstützende Arbeit in der Nacht unterscheidet sich gravierend von der pädagogischen Arbeit am Tag. Das Leitmotiv in diesem Mutter-Vater-Kind-Haus lautet:

„Ich helfe dir, es selbst zu tun!"

Meine Praxisanleiterin während meiner Praktikumszeit ist Diplompädagogin und systemische Beraterin und setzt mit ihrem Team den systemischen Gedanken in der tagtäglichen Arbeit um.

Zu Beginn dieser Arbeit stelle ich Ihnen die Institution vor, in welcher ich in den vergangenen beiden Semestern mein Projektpraktikum absolviert habe. Außerdem gewähre ich einen Einblick in meine Tätigkeiten und die dort gesammelten Erfahrungen. Anschließend gebe ich einen Abriss über das systemische Denken und Handeln. Der Hauptteil dieser Arbeit besteht aus der Erörterung der von mir gewählten Frage:

„Wie lässt sich der systemische Arbeitsansatz in ein Mutter-Vater-Kind- Haus integrieren?"

Ich möchte hiermit dem Leser einen Einblick in das systemische Arbeiten in einer Mutter-Vater-Kind-Einrichtung gestatten.

Nachdem die Frage formuliert war, informierte ich mich zu dem Thema und recherchierte hierzu. Auch wenn es nicht als wissenschaftliche Erhebung gelten kann und soll, befragte ich Kolleg*innen, Abteilungsleiter*innen und die Heimleitung des Jugendhilfeträgers, bei dem ich das Praktikum absolvierte.

Mit der vorliegenden Arbeit möchte ich darstellen, wie sich das systemische Arbeiten in einer Mutter-Vater-Kind-Einrichtung umsetzen lässt und welche Methoden hierbei bereits angewendet werden.

Bei der Erstellung meiner Arbeit wende ich die hauptsächlich die Methoden der Literaturauswertung bzw. die Sekundärauswertung vorhandener Daten an.

Zum Abschluss werde ich ein Fazit aus den gewonnenen Erkenntnissen ziehen und meine Praxisphase reflektieren. Ich gehe auf eventuelle Schwierigkeiten ein, die sich für mich ergeben haben und die Frage beantworten, ob eine Tätigkeit in diesem Arbeitsfeld für mich vorstellbar ist.

2. Vorstellung der Einrichtung

Der Jugendhilfeträger besteht aus drei parallel nebeneinander bestehenden Organisationsformen.

2.1. Der Träger der Jugendhilfe

Der Jugendhilfeträger, wurde bereits 1928 von Ordensschwestern gegründet. Zu dieser Zeit lag das Hauptaugenmerk des Kinderheims, elternlosen oder obdachlosen Kindern eine Heimat zu geben. Das Haupthaus befindet sich auch heute noch an seinem damaligen Standort. Der Träger ist ein korporatives Mitglied eines kirchlichen Verbandes und leistet gemeinsam mit seiner Partnerorganisation Hilfen im Rahmen vom SGB VIII in vier Bereichen: den Ambulanzen, den Heilpädagogischen Tagesgruppen, den Kinderhäusern und den stationären Jugendwohngruppen.

In der heimeigenen Erziehungshilfeschule mit dem Förderschwerpunkt sozial-emotionale Entwicklung und Schule für Kranke mit verschiedenen Abteilungen: für Schüler*innen mit normaler Begabung, für Schüler*innen mit besonderer Begabung und mit dem Ziel der Reintegration in eine weiterführende Schule, können die Klient*innen beschult werden.

Alle betreuten Kinder und Jugendlichen weisen deutliche Verhaltensprobleme auf, sodass Maßnahmen nach SGB VIII erforderlich sind. Derzeit besteht der

Jugendhilfeträger aus der Schule zur Erziehungshilfe, Ambulanzeinrichtungen, Tagesgruppen, Wohngruppen, Kinderhäusern, Inobhutnahmestellen, Außenwohngruppen, dem Mutter-Vater-Kind-Haus, der Verwaltung, dem Haustechnischen Dienst und der Abteilung Hauswirtschaft. Auftraggeber des Trägers sind hauptsächlich die Jugendämter der näheren Umgebung. Aufgrund der Einzigartigkeit in Deutschland, auch hochbegabte Minderleister, die sogenannten Underarchiever, beschulen zu können und zu einem Schulabschluss zu führen, kann eine Unterbringung von Kindern und Jugendlichen auch aus der gesamten Bundesrepublik möglich sein.

2.2. Mutter-Vater-Kind-Haus (MuK)

Das Mutter-Vater-Kind-Haus ist eine vollstationäre Gruppe, in der Mütter, ganz selten auch Väter, ihr Kind selbst betreuen können. Dies geschieht unter Anleitung und mit Unterstützung von pädagogischem und/oder medizinischem Personal. In der Folge wird aus Gründen der Vereinfachung von Müttern die Rede sein, da seit Bestehen des Hauses bisher nur ein einziger Vater mit seinem Kind in der Gruppe gelebt hat. Die Mutter-Kind-Gruppe wurde im September 2013 aufgebaut, sodass im Dezember 2013 die erste Aufnahme stattfinden konnte. Seit diesem Zeitpunkt ist die MuK 365 Tage im Jahr und 24 Stunden am Tag geöffnet. Im MuK sind sechs Betreuerinnen mit medizinischer oder pädagogischer Ausbildung beschäftigt. Diese decken den Tagdienst ab und erfüllen so ihren pädagogischen Auftrag. Die Betreuung in der Nacht ist durch zwei Nachtbereitschaften gewährleistet. Während dieser Zeit befindet sich der letzte Spätdienst in Rufbereitschaft. Unterstützend ist an den Werktagen eine Hauswirtschaftskraft tätig, die für die Umsetzung der Hygienestandards verantwortlich ist. Aufgrund der Thematik und der Problematik der untergebrachten Mütter, sind konzeptionell tatsächlich nur weibliche Pädagogen in der Gruppe vorgesehen.

Leistungsgrundlage sind § 19 SGB VIII, §27 Abs. 4 SGB VIII und in Einzelfällen auch §35 a SGB VIII.

Das Mutter-Vater-Kind-Haus ist eines der Angebote des Jugendhilfeträgers und befindet sich in einer Eigenheimsiedlung, die mit öffentlichen Verkehrsmitteln, sehr gut zu erreichen ist. Die Gruppe ist in einem Zweifamilienhaus untergebracht und besteht aus zwei Wohnetagen und einem Untergeschoss. Das Mutter-Vater-Kind-Haus bietet Wohnmöglichkeiten für sechs Mütter mit einem Kind. Im Untergeschoss befinden sich die Büroräume und das große Spielzimmer. In den beiden anderen Etagen leben jeweils drei Frauen mit ihrem Kind in einem ca. 12m² großen Zimmer. Diese drei Frauen benutzen ein geräumiges Bad, die Küche mit angrenzendem Essbereich und ein großes Wohnzimmer mit Terrasse bzw. Balkon gemeinsam.

Aufgenommen werden Frauen, die die Vorgaben der oben erwähnten Paragraphen des SGB VIII erfüllen. Die Zielgruppe liegt daher bei einem Alter von bis zu 27 Jahren mit Kindern, die das sechste Lebensjahr noch nicht vollendet haben.

Im Laufe der Jahre zeigte sich, dass die jüngste Bewohnerin gerade 15 Jahre und die Älteste 28 Jahre alt war. Ein Teil der Frauen wurde bereits während der Schwangerschaft in das Mutter-Vater-Kind- Haus aufgenommen, andere werden erst nach der Geburt in der Einrichtung betreut. Allen gemeinsam ist, dass der Grund der Unterbringung der Frauen fast immer im Zwangskontext des Jugendamtes steht. Meist ist die Unterbringung in dieser Gruppe die einzige Möglichkeit, weiter gemeinsam mit ihren Kindern zusammenzuleben. Die Aufträge durch das Jugendamt sind breit gefächert. So reichen sie zum Beispiel von der Unterstützung im Aufbau einer tragfähigen Mutter-Kind-Beziehung, über die Sicherstellung des Kindeswohls bis hin zur Unterstützung beim Erlernen von lebenspraktischen Tätigkeiten. Ein Großteil, der jungen Frauen, die im MuK untergebracht sind, haben keine Unterstützung aus ihren Herkunftsfamilien, kommen aus desolaten Familienverhältnissen, es bestehen ungeklärte Partnerschaften oder aber sie verfügen bereits über eine längere Jugendhilfekarriere.

Da es sowohl für die Frauen, als auch für die Kinder wichtig ist Strukturen und Rituale zu erlernen und zu erleben, wird dies in der Mutter-Kind-Gruppe tagtäglich praktiziert. Einige der Frauen kennen weder Regeln noch Strukturen, sodass diese Umstellung sich anfangs schwierig gestalten kann. Es ist einige Zeit und intensive Arbeit erforderlich, damit die Regeln nicht als „böswillige" Einschränkung angesehen werden, sondern als Hilfsmittel, die sowohl ihnen, als auch ihren Kindern Sicherheit geben und ihrem eigenen Wohl sowie dem ihrer Kinder dienen. Ziel der Arbeit der Pädagog*innen im Mutter-Vater-Kind-Haus ist es, mit dem Prinzip der Hilfe zur Selbsthilfe die jungen Frauen dabei zu unterstützen eine sichere und tragfähige Bindung zu ihren Kindern aufzubauen, sowie lebenspraktische Aufgaben selbstständig zu meistern. Außerdem wird Wert darauf gelegt, dass sie nach dem Auszug finanziell unabhängig in der Lage sind ihr und das Leben ihrer Kinder zu bestreiten. Darauf wird, durch Unterstützung und Ermunterung, sich wieder in einer Schule oder Ausbildungsstelle zu integrieren, hingewirkt. Wichtig ist, dass die Frauen immer wieder verdeutlicht bekommen, dass SIE? die Experten in Bezug auf die Bedürfnisse ihrer Kinder sind und sie durch die Fachkräfte lediglich Unterstützung und Beratung in Erziehungs- oder psychosozialen Fragen erhalten.

Die Arbeit des Mutter-Kind-Hauses ist auf eine starke Vernetzung angewiesen. Eine intensive Zusammenarbeit bzw. Kooperation findet mit anderen Helfersystemen, wie beispielsweise Kinderärzt*innen, Gynnäkolog*innen, Therapeut*innen, Berater*innen im Rahmen der Frühen Hilfen und Lehrer*innen, statt. Die Kooperation mit einer Kinderarztpraxis besteht schon seit Eröffnung der Hauses und hat den Vorteil, dass für alle Kinder lediglich ein Kinderarzt zuständig ist. Dieser kennt die Einrichtung, das Team, dessen Arbeitsweise und natürlich auch die Patient*innen.

Bei allen Aktivitäten werden die Mütter, die Väter und auch die Herkunftsfamilien mit einbezogen, um den Müttern und Kindern, bei einem Auszug ein stabiles Umfeld und ein sozialen Netzwerk mit an die Hand zu geben.

3. Systemisches Denken und Handeln – Ein Abriss

Um das systemische Arbeiten in Therapie und Beratung besser verstehen zu können, ist es wichtig sich mit dem Begriff „System" auseinanderzusetzen. Die Definition des Begriffs im pädagogischen bzw. psychologischen Kontext, ist fast selbsterklärend. So wird hier berücksichtigt, dass jeder Mensch Teil eines Systems ist. Dieses System beeinflusst die Person und die Person beeinflusst gleichzeitig das System. Die erste Systemtheorie ist auf die Biologie und Physiologie zurückzuführen.

Der Ansatz des systemischen Arbeitens, und in diesem Zusammenhang auch die systemische Psychotherapie, die systemische Beratung und die systemische Supervision, alle bauen auf den modernen Konzepten systemtheoretischer Wissenschaft auf, die mittlerweile auch Zugang zu allen anderen Wissenschaften, wie den Natur-, Geistes- und Sozialwissenschaften gefunden haben. Hierdurch wird ermöglicht komplexe Phänomene, die das menschliche Leben und das Zusammenleben charakterisieren, zu erfassen. Betrachtet man die Familie systemisch, ist es wichtig die zum Teil über Generationen entwickelten Muster und Rollen mit in den Blick zu nehmen.

Dadurch eröffnet sich die Möglichkeit und eine passende Methodik zu ihrer Behandlung zu entwickeln. Nach dem systemischem Verständnis wird der Mensch immer sowohl als biologisches, als auch als soziales Wesen betrachtet. Der systemische Ansatz unterscheidet sich grundlegend von anderen Arbeitsansätzen. Das Denken und das Symptomverhalten von Klient*innen werden in ihrer kommunikativen und beziehungsgestaltenden Form begriffen.

Um den Menschen und seine psychischen Störungen verstehen zu können, betrachtet man unter der systemischen Perspektive die physischen und psychischen Eigenschaften ebenso wie die sozialen Lebensbedingungen. Das systemische Arbeiten verfügt über eine eigene klinische Theorie und Methodologie zur Erklärung und Behandlung psychischer Störungen. Hier wird weniger über Defizite und Probleme diskutiert, sondern es werden eher Stärken und Ressourcen betrachtet. Man kann auch kurz zusammenfassen, systemisches Arbeiten ist immer lösungsorientiert (vgl.Schwing, Fryszer 2018, S. 9). So werden in der systemischen Therapie psychische Erkrankungen als Störung der Systemumwelt dargestellt und nicht als Störungen der Klient*innen. Individuelle Symptome betrachtet man als Ergebnis von krankmachenden bzw. aufrechterhaltenden Beziehungsmustern im Kontext der wichtigen Bezugspersonen. Das erklärt, wieso diese Personen nach Möglichkeit mit in den Prozess einbezogen werden sollen. Die Systemiker*innen gehen bei ihrer Arbeit immer davon aus, dass nur durch das Einbeziehen des

Systems, der Familie, der Umwelt eine Veränderung des Verhaltens möglich ist (vgl. Schwing, Fryszer 2018, S. 9). Eine weitere Grundlage für die systemische Praxis ist die Kooperation zwischen Klient*innen und Helfer*innen (vgl. Rotthaus 2017).

3.1. Grundlagen des systemischen Arbeitens

In den 1950er Jahren begann man, die Settings der Einzel- und Gruppentherapie zu verlassen und sich der Familie zuzuwenden. In den Anfängen der systemischen Therapie waren es beispielsweise die Arbeiten Gregory Batesons, Virginia Satir, Jay Haley und Paul Watzlawick, die den Blick vom Individuum lösten und die komplette Familie in den Blick nahmen Dies geschieht intergenerational, weil verschiedene Themen nur verstanden werden können, wenn man sie generationsübergreifend betrachtet. Hier waren es hauptsächlich Familien, deren Mitglieder psychische Störungen hatten. Sie wirkten mit ihren Mustern innerhalb von Konflikten, ihren Beziehungen und ihrer zum Teil eingeschränkten Kommunikation auf das System Familie. Die oben erwähnten Vorreiter des systemischen Arbeitens kamen alle zu einer ähnlichen Erkenntnis. Möchte man Probleme verstehen und dann auch lösen, ist dies einfacher und Erfolg versprechender, wenn die gesamte Familie mit in die Betrachtung mit einbezogen wird. Es ist wirkungsvoller die Kommunikation und die Beziehung der Personen in der Familie zu beobachten und diese gegebenenfalls zu verändern, als die betroffene Einzelperson langwierig zu behandeln (vgl.Schwing, Fryszer 2018, S.16). Der Amerikaner Harry Stuck Sullivan war ein weiterer Vordenker dieser Zeit, der vor allem psychische Störungen als Ausdruck und Folge bestimmter Beziehungsmuster sah (vgl. Stierlin 2001, S.258ff). Auf diese Art und Weise entstand die Familientherapie und sie fand nach und nach immer mehr Anhänger. Gerade in der Jugendhilfe oder auch bei der, in dieser Arbeit beschriebenen gemeinsamen Wohnform von Kindern und Eltern, ist das systemische Arbeiten besonders geeignet, weil das persönliche Umfeld der Klient*innen mit einbezogen wird, die Gestaltung eines förderlichen Lebensraumes im Mittelpunkt steht und der Fokus auf der Zukunft und nicht auf der Vergangenheit liegt (vgl.Winkelmann 2014, S. 32).

3.2. Systemisches Arbeiten

Zentrales Arbeitsmittel beim systemischen Arbeiten ist der öffnende Dialog. Den Klient*innen gegenüber bemühen sich die Therapeut*innen, Berater*innen oder Supervisor*innen um eine Haltung des Respekts, der Unvoreingenommenheit, des Interesses und der Wertschätzung bisheriger Handlungs- und Lebensstrategien. Die Haltung der Berater*innen ist grundlegend für den Beratungsprozess. Ein ebenso wichtiger Aspekt, den systemische Berater*innen immer berücksichtigen sollen, ist bereits die Wertschätzung der bloßen Präsenz der Klient*innen beim Beratungs-gespräch. Jeder noch so kleine Lösungsversuch seitens der Klient*innen ist zu würdigen, um ihnen die Verantwortung für ihr Tun zu überlassen. Die Klient*innen sind als Expert*innen in eigener Sache zu betrachten und auch so zu behandeln (vgl.Giering et.al 2015).

Ziel der systemischen Arbeitsmethoden ist es, Menschen in den Systemzusammen-hängen zu betrachten und eine gleichberechtigte, kooperative Beziehung zwischen allen Beteiligten zu suchen. Dadurch gelingt es Systeme, die aus mehreren Personen bestehen, zu interviewen. Diese Systeme sind nicht als starr zu betrachten sondern sollen in Bewegung gebracht werden, um die gewünschten Erfolge zu erzielen. Viele Klient*innen erklären ihr Vorgehen als Reaktionen auf das Verhalten von anderen Personen. Dadurch wird die Verantwortung von sich selbst weggeschoben. Sie sehen sich in einer Opferrolle, die es ihnen nicht ermöglicht, einzugreifen oder eine Veränderung herbeizuführen. Das führt dazu, dass sich vorhandene Interaktionsmuster stabilisieren. Der systemische Ansatz kann diese bereits eingeschliffenen Muster auflösen, weil nicht das Problem an sich im Fokus steht. Viel mehr wird in den oben beschriebenen Kreislauf von Aktion und Reaktion eingegriffen und dieser zur Problembewältigung genutzt. Die systemische Therapie hat in den letzten 50 Jahren verschiedene Instrumente entwickelt, die zum Teil einzeln oder auch in Kombination angewendet werden. Zu diesen zählen u.a. das Arbeiten mit Genogrammen, Skulpturen, Ritualen u.v.m. Einige Arbeitsmethoden bzw. Instrumente werde ich im Anschluss an Beispielen des Mutter-Kind-Hauses näher erläutern.

4. Systemisches Arbeiten mit den Klient*innen

Bei den Klient*innen im Mutter-Kind-Haus ist es wichtig besonders wertschätzend zu sein, da es für viele eine große Leistung darstellt, sich für ein Zusammenleben mit ihrem Kind zu entscheiden. Auch gilt es sich möglichst schnell in eine neues System zu integrieren, wenn man davon ausgeht, dass die Wohngemeinschaft mit fremden Frauen, auch als ein System angesehen werden kann. Der Wechsel erfolgt abrupt. Plötzlich leben mehrere fremde Personen mit der Klient*in unter einem Dach. Täglich wechseln mehrmals die Pädagog*innen, die Herkunftsfamilie rückt eventuell immer mehr in den Hintergrund oder erschwert das Ankommen und Integrieren im neuen System. Für die Pädagog*innen steht deshalb immer die Frage: Was brauchen Mutter und Kind?, bei der Wahl des Unterstützungsangebotes im Vordergrund. Durch Verbindlichkeiten und durch Teilhabe fühlen sich die Frauen ernst genommen und die Selbstwirksamkeit wird gestärkt.

4.1. Die Genogrammexploration

Die Genogramm Arbeit ist eine bewährte Methode der Familientherapie und wird deshalb auch in anderen Bereichen angewendet. Sie gehört zu den rekonstruktiven Methoden und ist auf Ressourcenorientierung ausgelegt. Wenn eine Klient*in in das Mutter-Kind-Haus aufgenommen werden soll, geht eine Fallanfrage durch das Jugendamt voraus. Die zuständigen Sozialarbeiter*innen werden mit den potenziellen Klient*innen zu einem Vorstellungsgespräch eingeladen. Das Vorstellungsgespräch beginnt in der Regel mit einem Joining. Das ist eine Anwendungstechnik von systemischen Berater*innen und Therapeut*innen und ist als ein therapeutisches Bündnis zwischen Klient*innen, ihren Familienmitgliedern und der systemischen Fachkraft zu verstehen. Direkt nach der Begrüßung wird die Klient*in mit der Sozialarbeiter*in durchs Haus geführt, sodass sich beide einen ersten Eindruck über die Räumlichkeiten machen können. Ein Ziel dieser Joinings ist es, dass die systemische Berater*in beobachten kann, wie sie auf die Mitbewohner*innen zugeht, wie sie auf die neuen Eindrücke reagiert und was die Körpersprache aussagt. Am Ende des Rundgangs begeben sich alle in den Besprechungsraum. Dort erläutert die systemische Berater*in die Methode der Genogrammexploration. Es ist hierbei besonders wichtig, der Klient*in zu vermitteln, dass dieses Instrumentarium angewendet wird, weil das Team Interesse an ihr hat und deshalb mehr über sie erfahren möchte. Auch ist es eine Möglichkeit zu erkennen, welche Unterstützung sie benötigt und ob die Unterstützung, die konzeptionell verankert ist, die Richtige für sie ist. Die Klient*in darf entscheiden, ob während der Exploration ein Genogramm erstellt werden darf. Die meisten Klient*innen entscheiden sich dafür zuerst von sich erzählen zu dürfen, weil sie dadurch einen Raum für sich haben, in dem sie von sich erzählen können und sich wertgeschätzt fühlen. Bei allem was in Bezug auf die Klient*innen geschieht ist es wichtig, sie zu beobachten. Anhand von Körpersprache und Sitzposition ist zu erkennen ob noch immer eine Anspannung besteht oder ob sich die Klient*in schon langsam etwas entspannt. In der Exploration werden unterschiedliche Bereiche angesprochen. Die Klient*in und ihre Ressourcen stehen auch hierbei immer im Mittelpunkt. Die Fragen nach dem liebsten Hobby und dem Berufswunsch lassen einen Einblick in die Klient*in zu. Auch Informationen zu ihrer Herkunftsfamilie und den sozialen Beziehungen sind bei der Erstellung eines Genogramms sehr wichtig. Die einzelnen Personen werden durch Beziehungslinien verbunden. Manchmal werden diese von der Klient*in treffend beschrieben, ein anderes Mal beruhen sie nur auf Vermutungen der systemischen Berater*in. Während der Erstellung des Genogramms werden der Klient*in alle Zeichen erläutert und erklärt, warum sie an diese Stelle gesetzt werden. Es ist wichtig die ganze Zeit die Klient*in wertzuschätzen und Ressourcen und Resilienzfaktoren zu erkennen. Das BASK Modell nach Braun (**B**ehavior-Verhalten, **A**ffect-beteiligte Gefühle, **S**ensation-Körperempfindungen, **K**nowledge-Wissen) hilft Zusammenhänge zu verstehen und alle Bestandteile in die Bearbeitung mit einzubeziehen. Besonders die Körpersprache ist während der Exploration bezeichnend. Die in sich gekehrte Sitzhaltung entspannt sich mit den ersten Worten der Wertschätzung und das Erzählen fällt leichter. Nachdem das Genogramm erstellt ist und die Klient*in das Problem, aus ihrer und aus Sicht des Jugendamtes schildern durfte, wird ein kurzer Abriss über die Arbeit in der Einrichtung und den Tagesablauf gegeben. Beide Parteien erhalten Bedenkzeit und verabreden sich zu einem Entscheidungstelefonat. Die Methode der Genogrammexploration wird im gesamten Trägernd seit Gründung des Mutter-Kind-Hauses auch hier regelmäßig angewendet und hat sich als ein sehr hilfreiches Werkzeug erwiesen, die meist verworrenen, vielschichtigen Familien-strukturen und eventuelle Fallen bzw. Verstrickungen zu verstehen. Bei der Exploration ist es wichtig, die Klient*in gut im Blick zu behalten, um auftretende emotionale Regungen rechtzeitig erkennen zu können. Teilweise werden während der Exploration Themen angesprochen, die sehr nahe gehen, belasten und retraumatisieren können. Der Prozess kann aber durch das Herausarbeiten von Ressourcen in eine positive Verstärkung umgewandelt werden (vgl. Schlippe; Schweitzer 2007).

4.2. Reflecting Team

Eine weitere Methode der systemischen Praxis, die ebenfalls, der systemischen Therapie entspringt, ist dass Reflecting Team. Ziel dieser Methode ist es, Möglichkeiten für die Entwicklung verschiedener Perspektiven zu schaffen und somit angemessene Lösungsvorschläge zu finden. Den Klient*innen soll dadurch das Annehmen von Vorschlägen erleichtert werden. Beim reflektierenden Team begeben sich Klient*in und Berater*in in einen Dialog. Beobachtet wird das Gespräch von mehreren Teammitgliedern. Die Beobachter*innen sitzen mit im gleichen Raum, beteiligen sich aber nicht aktiv am Gespräch, sondern hören nur aufmerksam zu. Nach einer vorher abgesprochenen Zeit werden die Positionen gewechselt. Jetzt beginnen die Teammitglieder laut über den beobachteten Gesprächsprozess nachzudenken. Nun wird durch sie ein Gespräch über das beobachtete Gespräch geführt (Metalog). Die Gedanken werden hierbei wertschätzend und nicht anklagend oder verletzend ausgesprochen (vgl. Messmer). Im Mutter-Kind-Haus wird die Methode des Reflecting Teams regelmäßig angewendet, vor allem, wenn die Klient*innen Schwierigkeiten damit haben, sich an Vorgaben bzw. Regeln zu halten. In diesem Fall erhalten sie keine Anweisungen, wie sie beispielsweise mit ihren Kindern interagieren soll, sondern sie hören lediglich die Beobachtungen der Pädagog*innen. In manchen Fällen sind die Klient*innen schockiert, weil sie sich selbst nicht so gesehen haben, wie die Pädagog*innen es darstellen. Ihre Verhaltensweisen im Umgang mit ihrem Kind, den Mitbewohner*innen oder den Betreuer*innen, ist ihnen meist selbst nicht bewusst. Durch die Anwendung dieser systemischen Methode soll ein Prozess in Gang gesetzt werden, der Möglichkeiten für Veränderungen bietet. Hierbei ist es besonders wichtig, die Klient*innen in ihrer Persönlichkeit wahrzunehmen. Es ist wichtig, dass die Klient*innen selbst erkennen, dass eine Veränderung notwendig ist. Um dies zu erreichen darf die Neuerung nicht zu umfassend und zu gravierend sein, weil die Betroffenen sich sonst verschließen und ihre Integrität wahren (vgl. Messmer).

4.3. Entwicklungs- und Beratungsgespräche

Die Bezugspädagog*in führt mit ihrer Klient*in regelmäßige Entwicklungsgespräche. In der Vorstellung der Einrichtung habe ich bereits erwähnt, dass im Mutter-Kind-Haus nach dem Bezugsbetreuungssystem gearbeitet wird. Die Bezugspädagog*innen sind für alle Klient*innen von Einrichtungen, die dieses Modell anwenden, in besonderem Maße Ansprechpartner*innen. Eine Aufgabe der Bezugsbetreuer*innen ist eine intensive Netzwerkarbeit. Hierbei treten sie zum Teil auch vermittelnd zwischen den, für die Klient*innen wichtigen Systemen, wie Herkunftsfamilie, Jugendamt, Schule etc. auf. Am Beispiel des Mutter-Kind-Hauses soll eine vertrauensvolle und vor allem verlässliche Bezugsbetreuung den Müttern helfen, nach diesem Vorbild eine gute und tragfähige Bindung zu ihrem Kind aufzubauen. Die Klient*innen nehmen die Bezugspädagog*in in den meisten Fällen sehr gut an und nutzen sie auch als erste Ansprechpartnerin. Das ist es, was den Klient*innen häufig in ihrem bisherigen Leben gefehlt hat, eine Ansprech-person, nur für sie. Deshalb ist die Exklusivität auch wichtig. Die Herausforderung besteht aber darin, die eigenen Bezugsklient*innen nicht zu bevorzugen (vgl.Moos 2015). Ein Wechsel der Bezugsbetreuung sollte nur dann stattfinden, wenn nach längerer Testphase keine tragfähige Arbeitsbeziehung zwischen Klient*in und Betreuer*in aufgebaut werden kann. Gerade bei Klient*innen mit Verlusterfahrungen könnte sich ein Wechsel negativ auswirken. Derartige Muster lassen sich sehr gut im Genogramm bei der Betrachtung der Beziehung zu Eltern, Großeltern und Geschwistern erkennen. Im Entwicklungsgespräch werden mit den Klient*innen wichtige Themen besprochen. Das geschieht wie immer wertschätzend und beginnt meist mit der Abfrage der Befind-lichkeit von der Klient*in und ihrem Kind. Dann wird betrachtet was sich seit dem letzten Gespräch verändert hat. Was ist für die Klient*in gerade ein aktuelles Thema? Was will die Klient*in erreichen? Welche Ziele hat die Klient*in? Welche Erwartungen haben die Pädagog*innen? Der Grundgedanke des Arbeitens ist die Hilfe zur Selbsthilfe. Im Ent-wicklungsgespräch wird lösungsorientiert gearbeitet. Die Klient*innen erhalten Unter-stützung dabei sich selbst zu reflektieren und einen Weg zu finden, wie die gesteckten Ziele erreicht werden können. Das Entwicklungsgespräch erfolgt ressourcenorientiert. Die Klient*innen werden immer wieder an ihre Stärken erinnert. Gemeinsam wird überlegt, wer aus dem Netzwerk, sofern vorhanden, aktiviert werden kann. Durch diese Arbeitsweise kann es gelingen die Selbstwirksamkeit der Klient*innen zu stärken, was wiederum in Zusammenhang mit der Entwicklung einer sicheren Mutter-Kind-Bindung steht.

Analog zu den Entwicklungsgesprächen führt die Gruppenleitung, die eine Weiterbildung zur systemischen Beraterin absolviert hat, im Mutter-Kind-Haus Beratungsgespräche durch. Diese finden meist wöchentlich statt. Hier steht ein „Problem" im Vordergrund. Das Hauptaugenmerk dieser Gespräche liegt hier auf der Klient*in selbst im Kontext mit ihrer Herkunftsfamilie und nicht auf ihrer Rolle als Mutter. Zuerst wird wieder das Befinden der Klient*in abgefragt. Danach schildert die Frau ihr Anliegen und formuliert Wünsche dazu, wie das „Problem" gelöst werden soll. Hauptthemen sind hierbei häufig Ambivalenzen, Arbeit an den Aggressionen oder der Akzeptanz der Herkunftsfamilie oder der bisherigen Lebensgeschichte. Gerade in der Ambivalenzarbeit werden häufig die Methoden der Stuhlarbeit und der Problem- und Lösungskreis angewendet. Bei der Stuhlarbeit werden Probleme oder Aggressionen auf Stühlen im Raum platziert. Die Klientin beschreibt dann beispielsweise ihre Wut nach Größe, Farbe und Form. Dann hat die Klient*in die Möglichkeit ihrer Wut zu sagen, dass sie zu groß und zu mächtig ist und zu viel Raum einnimmt. Manchmal sind die jungen Frauen nicht in der Lage, dies selbst zu tun. Dann können sie dies gemeinsam mit oder stellvertretend durch die Beraterin ausführen lassen.

Bei der Arbeit an der Herkunftsfamilie finden das Genogramm, der Zeitstrahl oder das Familienbrett als Methoden Anwendung. Diese Methoden haben alle gemeinsam, dass ihre Erzählungen bildlich dargestellt werden, was wiederum Zusammenhänge besser erkennen lässt.

4.4. Tagesreflexion und Gruppenabende

Die Tagesreflexion findet im Mutter-Kind-Haus im Rahmen des Abendrituals statt. Es ist wichtig, dass die jungen Frauen eine Zeit und einen Rahmen haben über das Erlebte des Tages zu erzählen. Auffallend ist, dass es den meisten Klient*innen nicht gelingt positive Anteile zu erkennen, weil sie meist sehr negativ eingestellt sind. Jeder Anwesende hat die Möglichkeit die drei Fragen:

1. Welchen schönen Moment hatte ich heute mit meinem Kind?

Was ist mir heute gut gelungen?

Was möchte ich besser machen oder verändern und was kann ich selbst dafür tun?

zu beantworten. Fällt es einer Frau schwer diese Fragen zu beantworten, erhält sie oft wie selbstverständlich, Unterstützung durch ihre Mitbewohner*innen, indem sie an schöne Momente erinnert wird. Das stärkt den Zusammenhalt und die Gemeinschaft und trägt zu einem respektvollen Miteinander bei. Möchte eine Frau nicht in der Gruppe antworten, kann sie auch im Anschluss auf die Pädagog*innen zukommen und im Vier-augengespräch die Fragen beantworten oder in diesem Zusammenhang auch Sorgen und Nöte besprechen. Einige der Frauen erleben die Tagesreflexion nicht als Unter-stützung sondern eher als Kontrolle. In diesem Fall führt das zu einer Ablehnung. Die Pädagog*innen versuchen den Frauen zu vermitteln, dass dies keine Kontrolle sein soll, sondern ein Mittel, dass der Tag mit schönen Erinnerungen endet.

Ein weiters Beispiel für systemisches Arbeiten in der Gruppe sind die wöchentlichen Gruppenabende am Donnerstag. Diese finden in der Zeit von 20:00 -21:00 Uhr im Gemeinschaftsraum bzw. Spielzimmer statt. Im Idealfall schlafen zu diesem Zeitpunkt die Kinder, sodass die Klient*in einfach nur eine junge Frau sein kann. Am Gruppen-abend können die Frauen Themen, die die Gruppe oder sich selbst betreffen einbringen. Auch werden immer wieder Regeln besprochen oder gemeinsam der Situation ent-sprechend verändert bzw. angepasst. Das verfolgte Ziel dieser Abende ist, das Gruppengefühl zu stärken und die Bewohner*innen zu animieren sich gegenseitig zu unterstützen. Im Alltag lässt sich immer wieder beobachten, dass die Frauen mit-einander streiten oder Konflikte nicht gelöst werden können. Während des Gruppenabends werden die Bewohner*innen tatsächlich als Gruppe und Gemeinschaft wahrgenommen. Sie gehen wertschätzend miteinander um und unterstützen sich gegenseitig. Sofern sie an diesen Abenden ohne ihre Kinder sind, sehen sich die Frauen auch als eine Gemeinschaft, ein System. Sie sind eigenständig und von den Pädagog*innen abgegrenzt. Sie ist hierbei nicht die Mutter, die eventuell von anderen Müttern kritisch betrachtet wird, weil sie Dinge nicht so gut kann, wie die Anderen, sondern einfach eine junge Frau. In den Gruppenabend wird zum Beispiel auch mit Emotionskarten gearbeitet. Weitere systemische Anteile sind das Arbeiten mit Auftragsblume und Auftragskarussel. Über die Skulpturarbeit lassen sich Anliegen in der Gruppe aber auch von Bewohner*in zu Pädagog*innen aber auch zum Jugendamt transportieren (vgl. Schwing; Fryszer 2010, S. 124ff).

Selbstreflektierend schreibt bei der Methode „Die ideale Mutter und das ideale Kind" jede Klientin auf, was für sie eine ideale Mutter und ein ideales Kind auszeichnet. Dadurch werden die Frauen selbst darauf aufmerksam, was sie noch alles erreichen wollen. Hierbei darf auch fantasiert werden, da es „ideal" nicht gibt. Auf Wunsch der Frauen wurde auch „Der ideale Vater" beschrieben. Hierbei war auffällig, dass beschrieben wurde, wie sich die Frauen ihren eigenen Vater gewünscht hätten. An solchen Gruppenabend ist festzustellen, wie wertschätzend die Frauen miteinander diskutieren (vgl. Brisch 2013, S. 80).

Leider gibt es auch Phasen, in denen der Gruppenabend als Reglementierungs- und Kontrollmechanismus seitens der Betreuer*innen und als Zwangskontext angesehen wird.

5. Systemisches Arbeiten im Team

Bei der intensiven und emotionalen Arbeit im Zwangskontext der Fremdunterbringung ist es für das zusammenarbeitende Team wichtig, sich regelmäßig kollegial auszutauschen. Meist erfolgt der kollegiale Austausch zwischen Tür und Angel, daher gestaltet sich dieser als selten hilfreich, weil in der Kürze die meist schwierigen Themen nicht eingehend behandelt werden können. Gerade auch für die Teamgesundheit ist eine strukturierte Vorgehensweise unabdingbar, um eventuellen Sekundärtraumatisierungen vorzubeugen.

Systemisches Arbeiten im Team ist ebenso, wie das systemische Arbeiten mit Klient*innen von einem wertschätzenden Dialog geprägt. Die Befindlichkeiten der Kolleg*innen müssen in diesem Zusammenhang genauso betrachtet werden, wie das Zusammenarbeiten verschiedener Generationen, eigener Biographien oder Kulturen. In den folgenden Kapiteln gehe ich auf lediglich zwei Methoden ein, die unter anderem auch in meiner Praktikumsstelle Anwendung finden.

5.1. Fallgespräch – Fallberatung

In einem Fallgespräch werden durch einen Austausch im Team Strategien zur besseren Bewältigung der Anforderungen im pädagogischen Alltag entwickelt. Vordergründig geht es in den Fallgesprächen im Mutter-Kind-Haus um die Frage, was benötigen die Klient*innen, um sich so weiterzuentwickeln, dass sie gemeinsam mit ihren Kindern ein unabhängiges Leben führen zu können. Das Verhalten und die Entwicklung wird immer im Kontext der Herkunftsfamilie anhand eines Genogramms und einem Zeitstrahl bzw. einer Lebenslinie betrachtet. Um systemisch arbeiten zu können sind immer die bisherigen Lebensereignisse im Blick zu behalten. Hierdurch lassen sich häufig bereits Verhaltensweisen der Klient*innen erklären. Familiäre Muster lassen hierauf Rück-schlüsse zu. Analog hierzu sind auch die Rollen im Familiensystem und auch in der gruppe einfacher zu verstehen. Diese Betrachtungsweisen helfen dabei Hypothesen aufzustellen und lösungsorientiert zu denken. In manchen Fällen gelingt es dadurch auch das denken zu verändern und neue Gedanken einzubringen. Fallgespräche finden in den Schichtübergaben und in Teamsitzungen statt. Das Verhalten der Klient*innen muss immer im Kontext der Herkunft betrachtet werden, um Verhaltensweisen zu verstehen. Systemische Fallgespräche sind in zweierlei Hinsicht wichtig. Einerseits sorgen sie dafür, als Pädagog*innen nicht im Negativen zu verharren, sondern auch die vorhandenen Ressourcen und erlernten Muster zu sehen. Andererseits sind sie ein unterstützendes Werkzeug für die Professionellen, um für sich selbst Lösungen zu erarbeiten, um mit den extrem schwierigen und emotionalen Situationen umgehen zu können. Richtig angewendet können Fallgespräche bzw. die kollegiale Fallberatung auch als Maßnahme der Psychohygiene gewertet werden (vgl. Systemische Gesellschaft).

5.2. Team Intervision

Im professionellen Tätigkeitsbereich einer Einrichtung gemeinsamer Wohnformen für Mütter, Väter und Kinder ist ein kollegialer Austausch zwischen den Pädagog*innen sehr
wichtig und hilfreich, vor allem dann, wenn es immer wieder zu Differenzen, Schwierig-
keiten oder Krisen kommt und in diesem Kontext bereits verschiedene Methoden und Vorgehenswiesen ausprobiert wurden, die von mäßigem Erfolg gekrönt waren. Die Team Intervision ist ein Beispiel, um Situationen zu besprechen, die als verwirrend, überkomplex und emotional belastend empfunden werden. Wie auch bereits in der kollegialen Fallberatung beschrieben, ist systematisches Vorgehen notwendig, um nicht den „roten Faden" zu verlieren. In der Praxis werden häufig das

Balint-Gruppen-Modell, der Intervisionsstern oder das Analysegespräch angewendet (vgl. Bundesministerium BWF2 ff.). Die Auswahl der Methode ist zum Beispiel von der Anzahl der Teilnehmer-*innen und der Komplexität des Themas abhängig. Im Mutter-Kind-Haus hatte ich während meines Praktikums mehrfach die Möglichkeit an Team Intervisionen teilzu-nehmen. Hier wird das Balint-Gruppen-Modell angewendet, weshalb dieses hier auch näher erläutert werden soll. Diese Art der Gruppenarbeit ist auf Michael Balint, einen ungarischen Psychoanalytiker des 20. Jahrhunderts, zurückzuführen und wurde durch ihn in Fallkonferenzen mit Sozialarbeiter*innen und Ärzt*innen angewendet. Dem Balint-Modell liegt die Idee des freien Berichts zugrunde. Die Gruppe wird aufgeteilt in Moderator, Fallgeber*in und Berater*innen. In der Praxis im MuK übernimmt die Fall-geber*in auch die Moderation, weil das Team in der Regel nur aus sechs Pädagog-*innen besteht und alle die Möglichkeit haben sollen, sich thematisch einzubringen. Zu Beginn wird das Zeitfenster festgelegt, welches unbedingt eingehalten werden soll. Im Anschluss formuliert der/die Fallgeber*in den Fall und die Frage die bearbeitet werden soll. Der andere Teil der Gruppe hört aufmerksam zu und macht sich währenddessen Notizen. Danach beginnen die Berater*innen ihre Beobachtungen, Theorien, Ideen und Hypothesen zu formulieren. Dies geschieht indem jeder der Reihe nach, ruhig und wertschätzend seine Gedanken einbringt. Zum Schluss nimmt der /die Fallgeber*in Stellung zu dem Gesagten (vgl. Bundesministerium BWF s. 1ff.). Die Anwendung dieser Methode birgt bei schwierigen Themen oder Prozessen, dass eine gezielte Kommunikation möglich ist und die Teilnehmer*innen nicht in überlange und fruchtlose Erzählungen und Diskussionen verfallen. Während meiner Tätigkeit im Mutter-Kind-Haus habe ich diese Vorgehensweise als eine sehr Intensive und Erfolg bringende kennengelernt, weil durch das kreative Nachdenken regelmäßig für alle Pädagog*innen gute und mitzutragende Lösungen erarbeitet werden konnten.

6. Fallvorstellungen aus dem Mutter-Kind-Haus im Kontext systemischen Arbeitens

In den folgenden Kapiteln werden drei Fälle aus dem Mutter-Kind-Haus vorgestellt. Anhand der im Abbildungsverzeichnis dargestellten Genogramme lassen sich zum Teil intergenerationale Muster erkennen oder Rückschlüsse auf Bindungstypen bzw. Bindungsverhalten ziehen. Die angewendeten systemischen Methoden erwähne ich ebenfalls im Zusammenhang mit der Fallvorstellung.

6.1. Fall I: Anja und Luigi

Die junge Mutter zog mit ihrem damals 1,5 Jahre alten Sohn in das MuK ein. Für Anja war es die einzige und auch gleichzeitig letzte Chance mit Luigi zusammenzubleiben. Da sowohl Anja als auch der Kindsvater Drogen und Alkohol konsumiert haben, beide im Drogenmilieu aufgewachsen sind, bestand für Luigi die große Gefahr einer Kindes-wohlgefährdung. Anja bekam das Sorgerecht entzogen, für Luigi wurde ein Vormund installiert und sie erhielt die Auflage in einer Mutter-Kind-Einrichtung zu leben.

Anja konnte sich sehr schnell in die Gruppe integrieren und ist durch ihre offene und freundliche Art sowohl bei den Bewohner*innen als auch bei den Pädagog*innen beliebt. Anja kommt aus einem Elternhaus, das keine Stetigkeit aufwies. Sie lebte mit ihrer Mutter und ständig wechselnden Lebenspartnern sowie ihren zwei Geschwistern zusammen. Alle drei Kinder hatten einen anderen Vater. Eine Ressource sind ihre Großeltern, bei denen Anja während des Aufenthaltes der Mutter in der Justizvollzugsanstalt auch lebte. Der Vater von Luigi kommt aus ähnlichen Verhältnissen. Während des bisher 1,5 jährigen Aufenthaltes im Mutter-Kind-Haus trennte sich Anja insgesamt fünf Mal vom Kindesvater, was meist nicht sehr lange anhielt. Sie zeigte sich den Phasen, wo sie mit dem Kindesvater ein Paar war immer sehr hektisch und auf der Flucht. Die Beziehung zu ihrem Sohn veränderte sich immer dann, wenn sein Vater in ihrem Leben präsent war. Sie begleitete die alltäglichen Dinge im Zusammenhang mit Luigi nicht sprachlich. Das spiegelte das Kind, indem er immer unruhiger wurde und noch weiter in der sprachlichen Entwicklung zurückblieb. Die letzte Trennung vollzog sie im März dieses Jahres, nachdem sie einen anderen Mann über eine Dating Plattform kennengelernt hatte. Vorher hielt sie, selbst als man durch eine Haarwurzelanalyse Substanzen, in den Haaren ihres Kindes festgestellt hatte, an Luigis Vater als Partner fest. Sie zeigte damit, dass sie nicht in der Lage war ihr Kind zu schützen. Auch nach der Trennung vom Kindsvater veränderte sich das Verhalten von Anja nicht positiv. Sie begann immer mehr zu lügen und hielt sich nicht mehr an die Regeln in der Gruppe. Beim Nichteinhalten von Ausgehzeiten reagierte sie sowohl ihrem Kind als auch den Pädagoginnen gegenüber sehr aggressiv. Durch einen

Zufall deckten wir auf, dass Anja den jungen Mann von der Dating Plattform nach acht Wochen geheiratet hat. Jetzt steht ihr Leben noch mehr Kopf und sie reagiert seitdem durchweg negativ auf die Pädagog*innen. Unterstützung nimmt sie jedoch gerne in Form von Kinderbetreuung an, wenn sie sich mit ihrem Mann treffen möchte. Anhand des Genogramms mit dem Titel „Achterbahn", der das Leben von Anja sehr treffend beschreibt, (siehe Abb. I) lassen sich Verhaltensmuster ihrer eigenen Mutter wiederer-kennen. Es hat den Anschein, als ob Anja das Leben ihrer Mutter, welches sie bei Einzug in die Gruppe noch verpönt hatte, wiederholen wird. Der systemische Ansatz wurde in diesem Fall mit der Genogrammexploration und häufigen Reflecting Team-gesprächen, im Blick auf die Mutter und das Kind umgesetzt. In diesen Reflecting Teams sollte Anja gezeigt werden, wie wir sie, auch besonders im Umgang mit Luigi, sehen. Leider war das nur bedingt erfolgreich, weil sie direkt in eine Abwehrhaltung ging und die Möglichkeit ihr näher zu kommen, sich immer mehr verringerte. Die Sicht von Luigis konnte in diesen Gesprächen gar nicht beleuchtet werden, weil Anja das niemals emotional ausgehalten hätte. Für das Team war es, besonders in den letzten Wochen wichtig, immer wieder Team Intervisionen und kollegiale Fallberatungen durchzuführen, weil sonst alle Pädagoginnen an diesem Fall zerbrochen wären. Wir als Team sind in diesem Fall besonders mit Luigi und Anja verstrickt, da uns allen bewusst ist, dass es bei der derzeitigen Entwicklung keine gemeinsame Zukunft für die Beiden geben wird. Jetzt sind wir dabei für uns Argumente zu sammeln, weshalb es für das Kindeswohl das Beste ist, wenn Luigi getrennt von seiner Mutter aufwächst. Für das fallzuständige Jugendamt ist die Situation schon seit einigen Wochen klar.

6.2. Fall II: Sophie und Jana

Sophie zog Mitte April dieses Jahres ohne ihre Tochter Jana in unsere Mutter-Kind-Gruppe ein. Ihr Kind befand sich zu diesem Zeitpunkt in einer Bereitschaftspflegefamilie. Eine Rückführung Janas wurde seitens der Sozialarbeiterin des Allgemeinen sozialen Dienstes nur unter der Voraussetzung einer Unterbringung in einer Mutter-Kind-Einrichtung befürwortet. Das Genogramm „Die verrückte Familie" (siehe Abb. II) kann dabei unterstützen etwas Licht in das Durcheinander von Sophies Leben zu bringen. Sophie hat eine ältere und vier jüngere Geschwister. Ihre Mutter leidet an einer schweren Depression und hat eine gesetzliche Betreuerin. Eine der jüngeren Schwestern ist schwerbehindert und ihr Kind lebt in eine Pflegefamilie. Als die Mutter den Vater der beiden jüngsten Geschwister kennenlernte, stellte dieser sie vor die Wahl zu ihm nach Hessen zu ziehen oder aber bei ihrer Tochter Sophie in Niedersachsen zu bleiben, die dort ihren Hauptschulabschluss beenden wollte. Sophies Mutter entschied sich für den 26 Jährigen und lies ihre Tochter in einer betreuten Einrichtung zurück. Sophie wurde schwanger und zog mit dem 30 jährigen Vater ihres Kindes, der zu 100%

behindert ist, zusammen. Nach einem Streit setzte dieser sie hochschwanger auf die Straße und Sophie zog zu ihrer Mutter nach Hessen, die bereits wieder allein lebte, da die beiden jüngsten Geschwister aufgrund von Kindeswohlgefährdung bei den Eltern ihres Mannes untergebracht waren. Nach der Geburt von Jana zeigten sich große Schwierigkeiten. Sophie litt an einer schweren Wochenbettdepression und das Baby wurde im Alter von zwei Wochen in Obhut genommen. Sophie erholte sich wieder und beantragte die Rückführung von Jana. Dieser wurde seitens des fallzuständigen Jugendamtes, wie oben bereits erwähnt, nur unter bestimmten Voraussetzungen zugestimmt. Während der Zeit der Inobhutnahme zeigte sich Sophie sehr kooperativ und zuverlässig, was die Einhaltung der Besuchskontakte betraf. Durch die Corona-Pandemie mussten die Umgangskontakte ab März 2020 ausgesetzt werden. Aufgrund dessen sollte die Rückführung von Jana langsam und kleinschrittig vonstattengehen. Nach einer Eingewöhnungszeit von Sophie, in der wir sie als aufgeschlossen, zugänglich und lebenspraktisch kennengelernt haben, wurden die ersten Kontakte zu Jana organisiert. Die Rückführung von der mittlerweile acht Monate alten Jana gestaltete sich unproblematisch. Das Verhalten von Sophie veränderte sich mit dem Einzug ihrer Tochter sehr drastisch. Sie zog sich vermehrt in ihr Zimmer zurück und war in ständigem Kontakt zu ihrer Mutter. Ihre Mutter war sehr präsent und setzte Sophie permanent verbal unter Druck. So suchte sie die Partner für ihre Tochter aus und drohte mit einem Kontaktabbruch, wenn Sophie versuchte sich abzunabeln. Beim Legen der Lebenslinie sahen wir unsere Vermutungen bestätigt, dass es eine merkwürdige Verbindung zwischen Mutter und Tochter gibt. Sie können nicht miteinander, schaffen es aber beide auch nicht ohne die Andere. In einem Gespräch im Rahmen des Hilfeplanverfahrens teilte Sophie für alle Beteiligten völlig überraschend mit, dass sie sofort aus der Mutter-Kind-Gruppe ausziehen wird. Auch die Einlassung der Sozialarbeiterin des fallzuständigen Jugendamtes, dass Jana dann auf Dauer in einer Pflegefamilie untergebracht wird, brachte sie nicht von ihrem Vorhaben ab. Direkt an diesem Nachmittag ist Sophie ohne ihre Tochter ausgezogen. Die genauere Betrachtung des Genogramms lässt für mich den Rückschluss zu, dass in diesem Fall intergenerationale Muster weitergegeben werden. So ist auffällig, dass sowohl die Mutter als auch Sophie sich Partner ausgewählt haben, die nicht zum jeweiligen Alter der beiden Frauen passen. Auch die Behinderungen der Partner zeigen Parallelen. Beide Frauen haben während der Schwangerschaft Alkohol konsumiert. Sophie und auch Jana zeigen optisch und auch in ihren Verhaltensweisen Symptome des fetalen Alkoholsyndroms (FAS). Im Anschluss an den Auszug und der Unter-bringung von Jana haben wir im Team das Erlebte durch eine Supervision bearbeitet. Die Psychologin, die die Supervisionen in unserer Einrichtung durchführt, war sehr wertschätzend und unterstützte uns dabei zu verstehen, wieso Sophie so reagiert hat. Für die junge Mutter war es wichtiger bei ihrer Mutter zu sein, diese in ihrem Leben zu unterstützen, als mit ihrem Kind zusammenzuleben. Die möglicherweise frühe Parentifizierung von Sophie ist ein eventueller Grund für dieses Verhalten.- Sie opferte ihr Kind für ihre Mutter, so wie Diese sie geopfert hatte, um mit dem Vater der beiden jüngsten Geschwister zusammenzuleben.

6.3. Fall III: Celia und Lisa

Celia zog Anfang des Jahres, im neunten Schwangerschaftsmonat im Mutter-Kind-Haus ein. Vorher lebte sie anfangs beim Kindsvater und nach der Trennung bei ihrer Groß-mutter. Das Verhältnis zu ihren Eltern ist von beiden Seiten aus ambivalent. Bereits vor ihrer Schwangerschaft war Celia eine schwierige Jugendliche, die keine Regeln kennt
und ihren Willen bei der Mutter und ihrem Vater immer durchsetzen konnte. Ihre Eltern leben seit 2006 getrennt und haben beide neue Partner*innen, so erfüllen sie ihrer Tochter jeden Wunsch, um ihre Gewissen zu beruhigen. Celia lebte auf Wunsch ihrer Mutter bei der Oma. Sie konnte das annehmen, litt aber unter der Trennung von ihrer Mutter. Das konnten wir beim Einzug in die Mutter-Kind-Gruppe ebenfalls beobachten. Da es im Familiensystem Differenzen mit der Beziehung zum Kindsvater gab, wurde Celia aus diesem ausgeschlossen. Nach der Trennung erfolgte eine leichte Annäherung, was aber nicht ausreicht, dass Celia bei ihrer Mutter und ihrem Partner leben kann. Nach der Entbindung erlebten wir Celia anfangs als liebevolle und stolze junge Mutter. Sie genoss es von ihrer Mutter und ihrer Schwester anerkannt zu werden und fühlte sich geliebt. Die Entwicklung war aber in diesem konkreten Fall eher rückläufig. Celia reagiert oft genervt und ist dies auch von Lisa. Sie wirkt ständig überfordert, was über die erklärbare Überforderung einer jungen Mutter mit Neugeborenem hinausgeht.
Celia hat mit ihrer Großmutter und ihrer Mutter zwei starke und präsente Frauen an der Seite, die für sie Entscheidungen treffen und in ihr Leben eingreifen. Da die Familie finanziell besser gestellt ist, kann sie Celias Wünsche jederzeit vollumfänglich erfüllen. Ich habe den Kontakt zwischen Celia und ihrer Mutter als sehr überschwänglich erlebt. Die gezeigte Zuneigung wirkt auf mich künstlich. Mein Eindruck ist, dass Celias Mutter ihre Schuldgefühle durch materielle und finanzielle Zuwendungen kompensieren möchte. Eine echte emotionale Bindung ist nicht spürbar. Celia überträgt, das durch sie selbst Erlebte, auf ihre kleine Tochter. Sie wird mit Kleidung, Stofftieren etc. überschüttet, muss aber im Gegenzug immer öfter die Abneigung und Abweisung ihrer Mutter erleben. Sie wird täglich mehrfach an die Pädagog*innen der Gruppe abgegeben, wenn sie Celia lästig ist. Wir erleben vermehrt, dass das Baby von Celia als Druckmittel ihrer Mutter gegenüber eingesetzt wird, indem sie das Kind weinen lässt, während sie am Telefon versucht zu erklären, wie schrecklich ein Leben in der Gruppe ist. Sie möchte viel lieber bei ihrer Mutter und deren Partner sein. Das dies aufgrund der Differenzen zwischen den beiden Frauen aber nicht möglich ist, möchte sie nicht sehen. Durch das Instrumentalisieren leidet die Mutter-Kind-Bindung zwischen Celia und Lisa. Das

Kind ist dadurch häufig unruhig und weint sehr viel. In den letzten Wochen haben wir vermehrt festgestellt, dass die Bedürfnisse von Lisa stets an zweiter Stelle stehen. So ist es Celia extrem wichtig eine junge Frau zu sein und auch das Leben einer kinderlosen Jugendlichen zu führen. Das abendliche Ausgehen am Wochenende steht in Vordergrund. Ist das nicht möglich oder aufgrund des vorangegangenen Verhaltens nicht angezeigt, kann sie das nicht aushalten und reagiert, wie eine Pubertierende. Hier wechselt das Verhalten schnell von Betteln zu Toben. Leidtragende ist in diesen Fällen immer Lisa, da sie zu spüren bekommt, dass sie die Schuldige an Celias Situation ist. Systemisches Arbeiten, wie zum Beispiel die Kindeswohlgefährdungstabelle oder ein Reflecting Team ist mit Celia aufgrund ihrer mangelhaften kognitiven Fähigkeiten schwer möglich. Wir Pädagog*innen nutzen den systemischen Ansatz in diesem Fall viel mehr für uns, indem wir häufig und intensiv Team Intervisionen oder kollegiale Fallberatungen durchführen. Dadurch versprechen wir uns, neue Ideen zu entwickeln, die Mutter und Kind in eine positive Beziehung bringen. Ansätze hierfür sind teilweise vorhanden. Diese genügen aber bei weitem nicht, um einen zeitnahen gemeinsamen Auszug von Celia und Lisa zu befürworten. Außerdem sollen uns diese kollegialen Gespräche helfen, die vorhandenen bzw. noch möglichen zu entwickelnden Fähigkeiten Celias, reflektiert zu betrachten.

7. Fazit

Während der Recherche zu diesem Thema und durch die praktischen Tätigkeiten in meiner Praktikumsstelle konnte ich bereits sehr früh eine Antwort auf meine Fragestellung, wie der systemische Arbeitsansatz in einem Mutter-Vater-Kind-Haus integriert werden kann, finden. Während der Praxisphase und des Bearbeiten dieses Berichtes tauchten aber immer wieder neue Fragen zu diesem Thema auf. Viele systemische Methoden, die mir bisher nur theoretisch bekannt waren, sind bei der täglichen Arbeit in einer Einrichtung gemeinsamer Wohnformen für Mütter/Väter und Kinder anwendbar. Sie können sowohl bei der Einzel- als auch bei der Gruppenarbeit eingesetzt werden. Auch das Zusammenarbeiten im Team erfolgt angelehnt an den systemischen Ansatz.
Die jungen Frauen profitieren vom systemischen Arbeiten, weil sie nicht mit ihren Defiziten konfrontiert werden. Es werden ihre Stärken und Ressourcen hervorgehoben. Sie werden nur darauf aufmerksam gemacht, wo sie noch Unterstützung benötigen. Abgeschlossen wird eine derartige Unterhaltung aber immer mit einem positiven Aspekt, in dem beispielsweise erwähnt wird, was sie schon besonders gut können. Auch werden die Klient*innen motiviert eigene Ideen zu entwickeln, die sowohl ihnen als auch ihren Kindern gut tun und zielführend sind. Das führt dazu, dass sie sich wertgeschätzt fühlen, was in einer Maßnahme, die einem Zwangskontext unterliegt, besonders wichtig ist. Auf diese Art und Weise

können die Klient*innen im Laufe der Zeit, die sie in der Gruppe leben, ein Vertrauen zu den Pädagog*innen aufbauen. So entwickeln sich in den Gruppenabenden oder den Tagesreflexionen Prozesse, die das systemische Arbeiten bestätigen. Den Bewohner*innen ist es dadurch möglich zumindest bei diesen Aktivitäten eine eigenes System zu bilden. In einigen Fällen gelingt es den Pädagoginnen bereits dieses System, mit der dadurch vorhandenen gegenseitigen Unterstützung in den Alltag zu integrieren. Da die Bewohner*innen zum Teil in großen Krisen stecken, müssen sie genau an dem Punkt abgeholt werden, wo sie gerade stehen. Besonders schwierig für die Pädagog*innen ist das ständige Umdenken von der Lebenswelt der Klient*innen in ihre Eigene. Der systemische Ansatz ist hierbei hilfreich, da er immer von Wertschätzung geprägt ist. Ziel der Maßnahme ist es, dass die jungen Frauen gemeinsam mit ihren Kindern ausziehen können. Erfolgreich ist eine Maßnahme dann gewesen, wenn Mutter und Kind nicht nur gemeinsam ausziehen, sondern wenn eine Mutter auch die Bedürfnisse ihres Kindes erkennt und diese auch angemessen befriedigen kann. Erfolgreich kann unter Umständen aber auch bedeuten, dass die Mutter sich dafür entscheidet ihr Kind in einer Pflegefamilie aufwachsen zu lassen, da sie erkannt hat, dass sie mit den ihr zur Verfügung stehenden Ressourcen, nicht in der Lage ist ihr Kind sicher aufwachsen zu lassen. Ich habe erlebt, dass eine engmaschige Begleitung zur Erhöhung der Selbstwirksamkeit führt. Getreu dem Motto: Ich helfe dir, es selbst zu tun.

8. Reflexion

Meine Praktikumszeit im Bereich der gemeinsamen Wohnformen für Mütter/Väter und Kinder war eine für mich positive und bereichernde Erfahrung. Da ich hier bereits als Nachtbereitschaft ausgeholfen hatte, kannte ich die Gruppe im Großen und Ganzen. Das half mir dabei, mich schnell zurecht zu finden. Ich wurde von allen Pädagog*innen positiv aufgenommen und sofort in das bestehende Team integriert. Während des kompletten Praktikumszeitraumes habe ich nie typische „Praktikantentätigkeiten", wie zum Beispiel einkaufen gehen, Kinder betreuen etc. ausgeübt, sondern wurde bereits während der Blockwoche im Sommer 2019 recht schnell als gleichwertiges Team-mitglied angesehen. Aufgrund der angenehmen Arbeitsatmosphäre konnte ich auftretende Fragen immer zeitnah stellen und demnach auch sofort reflektieren. Das war notwendig, da die Themen häufig sehr emotional und zum Teil auch schwer aushaltbar war. Während der Blockwoche überlegten meine Praxisanleiterin und ich, wie wir die wöchentliche Arbeitszeit von 4,5 Zeitstunden sinnvoll in den Gruppenalltag integrieren können. Sehr schnell war der Gedanke geboren, ein Naturprojekt für die Klient*innen und ihre Kinder zu installieren. Direkt zu Beginn des Praktikums am Anfang des Wintersemesters 2020 starteten wir damit, indem ich mit den Frauen und Kindern regelmäßig in den nahe gelegenen Wald ging. Hier sammelten wir gemeinsam Kräuter, die wir zu Tees verarbeiteten oder Naturmaterialien, die im wöchentlichen Gruppen-nachmittag verarbeitet wurden. Während dieser Spaziergänge kam ich sehr schnell mit den Frauen in Kommunikation. Ich erfuhr sehr viele Details ihrer Lebensgeschichte und Probleme, die ich mit den Pädagog*innen im Nachgang austauschen und reflektieren konnte. Später übernahm ich die Eins zu Eins Betreuung einer jungen Mutter und ihres Kindes, die im Umgang sehr große Ambivalenzen aufwies. Ich durfte auch anwesend sein, als sie sich entschieden hat, ihr Kind in einer Pflegefamilie aufwachsen zu lassen. Wichtig war für mich, dass in der Theorie Erarbeitetes tagtäglich in der Praxis umgesetzt werden konnte. Ich habe festgestellt, dass ressourcenorientiertes Denken sowie der Blick auf die Herkunftsfamilie hilfreich ist, um passende Unterstützungsangebote für die jungen Frauen zu finden. Ich habe für mich bereits in einem frühen Stadium des Projektes erkannt, dass die Arbeit in einer Mutter-Vater-Kind-Einrichtung genau mein Tätigkeitsbereich ist. Da eine Pädagogin die Abteilung wechselte, bekam ich das Angebot die freie Stelle zu besetzen. Ich griff sofort zu und arbeite jetzt seit März 2020 in Vollzeit im Mutter-Vater-Kind-Haus. Bereits jetzt schon habe ich meinen Platz gefunden.

Abbildung I „Achterbahn"

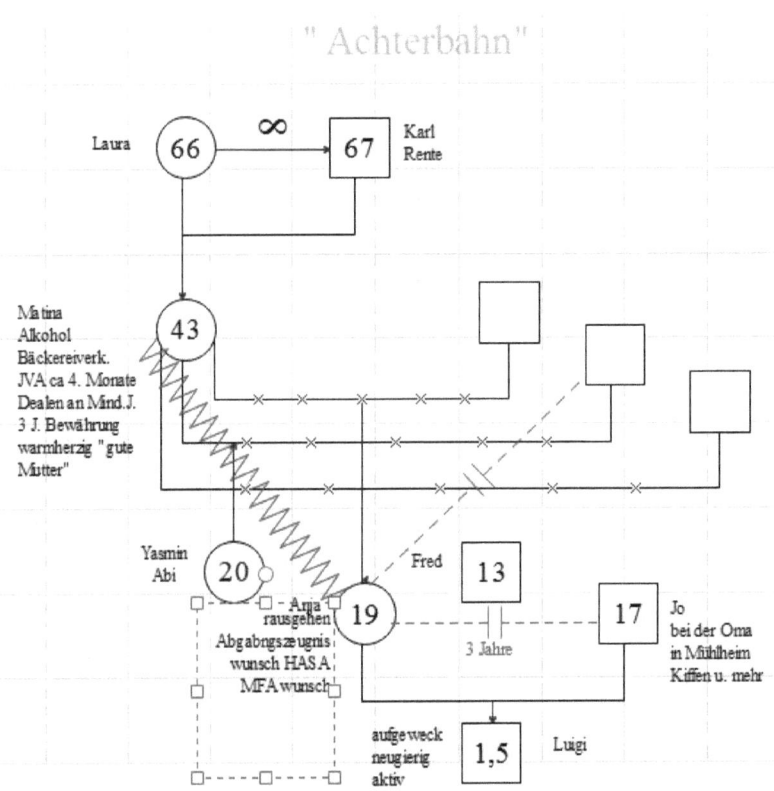

Abbildung II „Die verrückte Familie"

" Die verrückte Familie"

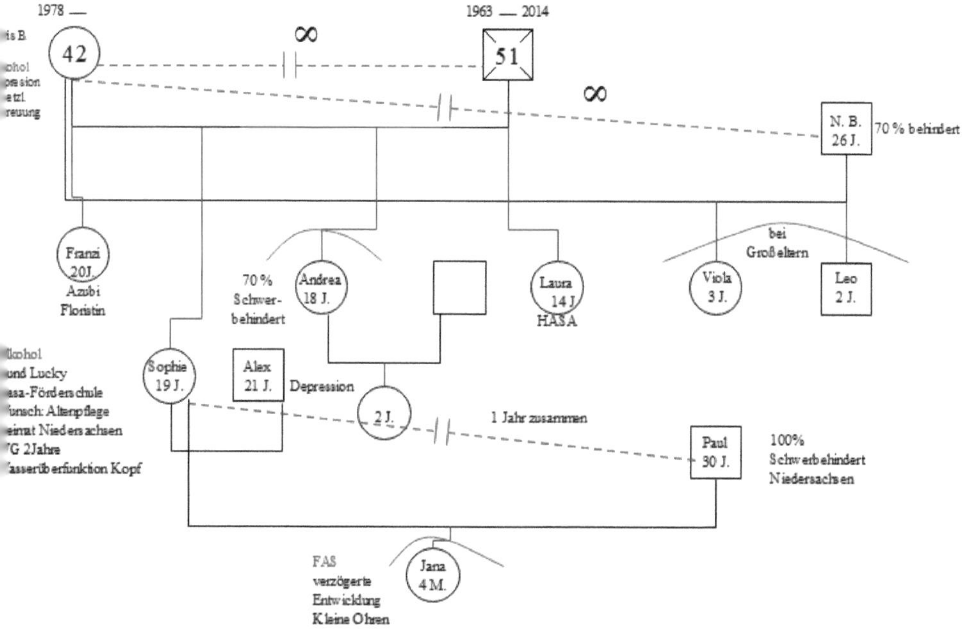

1978 —   ∞   1963 — 2014

tis B
chol   42   51
pression
etzl
reuung
                                          ∞

                                                    N. B.
                                                    26 J.   70 % behindert

Franzi   bei
20J.   70 %   Andrea   Laura   Großeltern
Azubi   Schwer- 18 J.   14 J   Viola   Leo
Floristin   behindert   HASA   3 J.   2 J.

lkohol
und Lucky   Sophie   Alex
asa-Förderschule 19 J. 21 J. Depression
unsch: Altenpflege
einat Niedersachsen   2 J.   1 Jahr zusammen
'G 2Jahre
asserüberfunktion Kopf   Paul   100%
                                    30 J.   Schwerbehindert
                                            Niedersachsen

            FAS   Jana
            verzögerte 4 M.
            Entwicklung
            Kleine Ohren

Abbildung I und II wurden von mir selbst erstellt.
Alle in den Abbildungen und Fallbeschreibungen verwendeten Namen wurden aus Datenschutzgründen verändert.

25

10. Literatur- und Quellenangaben

Brisch, Karl Heinz (2013): Safe. Sichere Ausbildung für Eltern. Stuttgart: Klett Cotta

Bundesministerium Bildung, Wissenschaft und Forschung (2020): http://www.sqa.at/pluginfile.php/2322/mod_resource/content/2/4330_Kollegiale%20Beratung%20durch%20Intervision.pdf [letzter Zugriff am 01.07.2020]

Giering, Susanne; Gitschier, Josefa; Hecht, Lena (2015): https://www.praxis-institut.de/fileadmin/Redakteure/Sued/Artikel/2015_Kolloq_Giering-Gitschier-Hecht_Systemische_Leckerbissen.pdf letzter Zugriff am 04.07.2020

Messmer, Ralph http://www.syslob.ch/03_LoA/Reflecting.pdf [letzter Zugriff am 28.06.2020]

Ritscher, Wolf (2006): Einführung in die systemische Soziale Arbeit mit Familien. Heidelberg: Carl-Auer Verlag

Rotthaus, Wilhelm (2017): Deutsche Gesellschaft für Systemische Therapie, Beratung und Familientherapie e. V.https://www.familientherapie.org/systemische-familientherapie/was-heisst-systemisch [letzter Zugriff am 13.05.2020]

Schweitzer, Jochen; von Schlippe, Arist (2007): Lehrbuch der systemischen Therapie und Beratung I-Das Grundlagenwissen. Göttingen: Vandenhoeck & Ruprecht

Schwing, Rainer; Fryszer, Andreas (2018): Systemische Beratung und Familientherapie. Kurz, bündig, alltagstauglich. Göttingen: Vandenhoeck & Ruprecht

Stierlin, Helm (2001): Psychoanalyse – Familientherapie – systemische Therapie, Entwicklungslinien, Schnittstellen, Unterschiede. Stuttgart: Klett-Cotta

Systemische Gesellschaft:https://systemische-gesellschaft.de/systemischer-ansatz/ letzter Zugriff 03.07.2020

Winkelmann, Iris (2014): Systemisch-ressourcenorientiertes Arbeiten in der Jugendhilfe. Heidelberg: Carl-Auer Verlag

Ziegenhain, Ute (2004): Beziehungsorientierte Prävention und Intervention in der frühen Kindheit. In: Psychotherapeut 2004, Springer Verlag